Impressum
Verlag: BABADADA GmbH, Nedderfeld 112 , 22529 Hamburg
Geschäftsführer / Verlagsleitung: Harald Hof
Druck: Books on Demand GmbH, In de Tarpen 42, 22848 Norderstedt

Imprint
Publisher: BABADADA GmbH, Nedderfeld 112 , 22529 Hamburg, Germany
Managing Director / Publishing direction: Harald Hof
Print: Books on Demand GmbH, In de Tarpen 42, 22848 Norderstedt, Germany

мактаб

школа

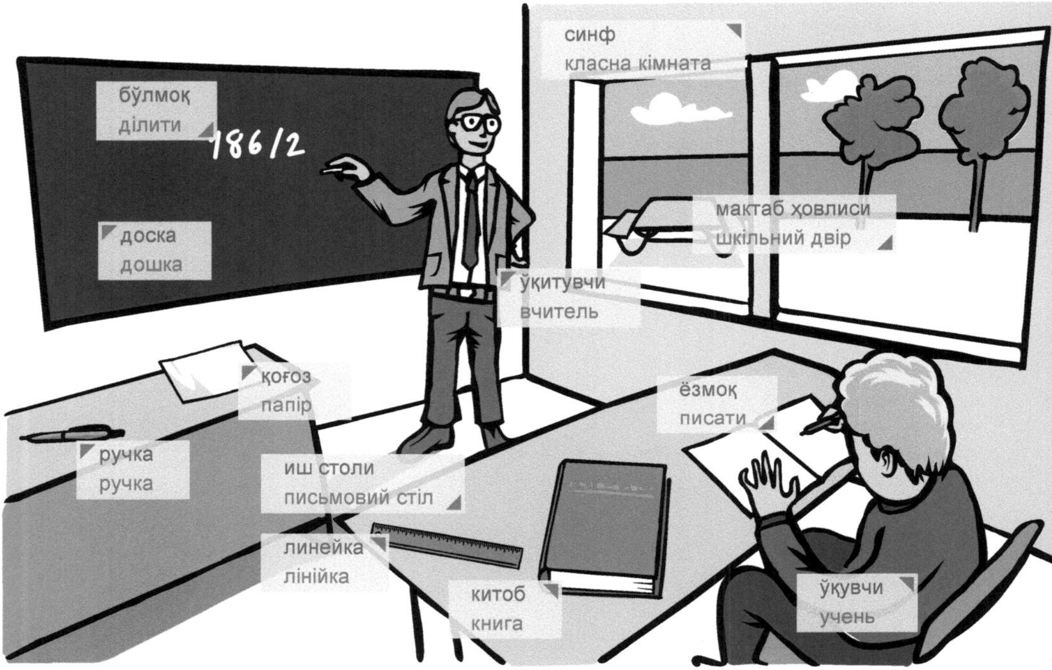
синф
класна кімната
бўлмоқ
ділити
186/2
доска
дошка
мактаб ҳовлиси
шкільний двір
ўқитувчи
вчитель
қоғоз
папір
ёзмоқ
писати
ручка
ручка
иш столи
письмовий стіл
линейка
лінійка
китоб
книга
ўқувчи
учень

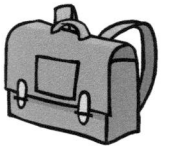

осма сумка

ранець

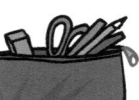

қаламдон

пенал

қалам

олівець

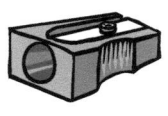

қалам учлагич

точило

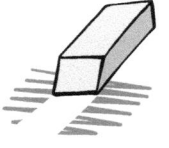

ўчиргич

гумка

расм албоми

альбом для малювання

чизмачилик

малюнок

бўёқ чўтка

пензель

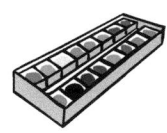

бўёқдон

коробка фарб

қайчи

ножиці

елим

клей

машғулот дафтари

зошит

уй иши

домашнє завдання

12

рақам

число

2+2

қўшмоқ

додавати

5-2

айирмоқ

віднімати

2×2

кўпайтирмоқ

множити

ҳисобламоқ

рахувати

A

хат

літера

ABCDEFG
HIJKLMN
OPQRSTU
VWXYZ

алифбо

абетка

сўз

слово

матн

текст

ўқимоқ

читати

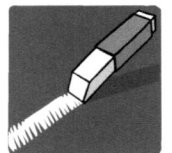

бўр

крейда

дарс

година

журнал

класний журнал

имтиҳон

екзамен

гувоҳнома

диплом

мактаб формаси

шкільна форма

таълим

освіта

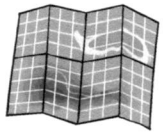

қомус

лексикон

олийгоҳ

університет

микроскоп

мікроскоп

харита

карта

урна

кошик для паперу

саёҳат
подорож

меҳмонхона
готель
Grand
сайёҳлар ётоқхонаси
турбаза
ROOMS
пул айирбошлаш шаҳобчаси
обмінний пункт
чемодан
валіза
машина
автомобіль

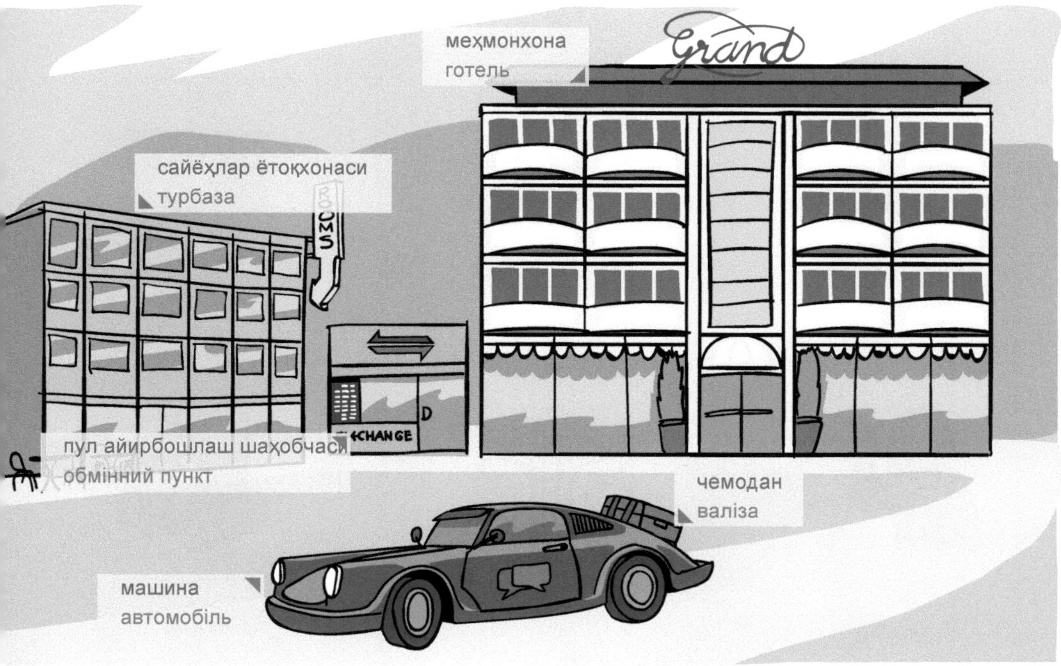

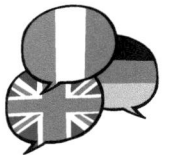

тил
мова

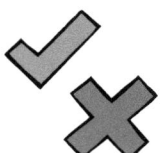

ҳа / йўқ
так / ні

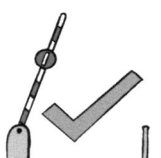

Хўп
добре

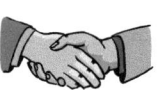

салом
привіт

таржимон
перекладач

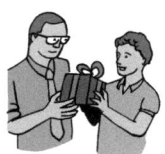

Раҳмат
дякую

неча пул...?

Скільки коштує ...?

Тушунмадим

Я не розумію

муаммо

проблема

Хайрли кеч!

Добрий вечір!

Хайрли тонг!

Доброго ранку!

Хайрли тун!

На добраніч!

кўришгунча

До побачення

йўналиш

напрямок

йўловчи юки

багаж

сафархалта

сумка

юк халта

рюкзак

меҳмон

гість

хона

кімната

уйқуқоп

спальний мішок

чодир

намет

саёҳларга маълумот
бериш столи
туристична інформація

пляж
пляж

омонат карта
кредитна картка

нонушта
сніданок

нонушта
обід

кечки овқат
вечеря

чипта
квиток

лифт
ліфт

марка
поштова марка

чегара
межа

божхона
митниця

элчихона
посольство

виза
віза

паспорт
паспорт

транспорт

транспорт

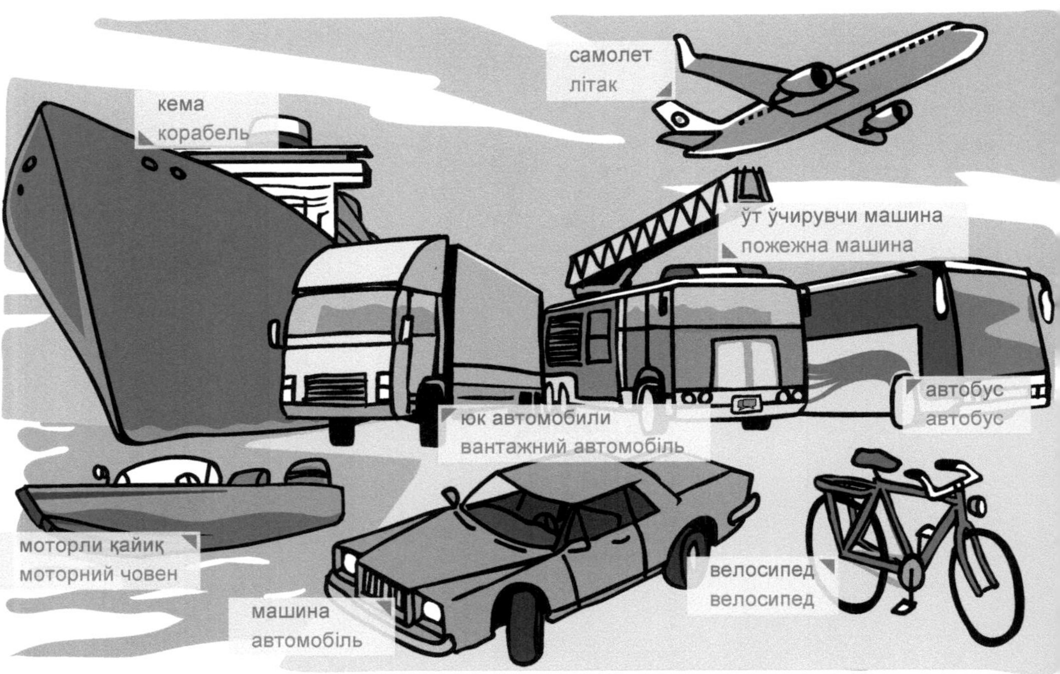
самолет
літак
кема
корабель
ўт ўчирувчи машина
пожежна машина
автобус
автобус
юк автомобили
вантажний автомобіль
моторли қайиқ
моторний човен
велосипед
велосипед
машина
автомобіль

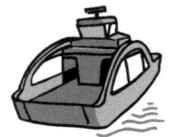

солсимон ясси кема

пором

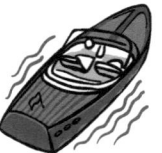

қайиқ

човен

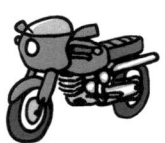

мотоцикл

мотоцикл

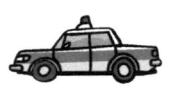

посбон машинаси

поліцейська машина

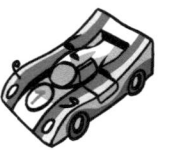

пойга машинаси

гоночний автомобіль

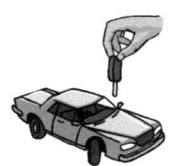

ижарага олинган автоулов

автомобіль на прокат

автоижара

спільне користування авто

шатакка олувчи юк автомобили

евакуатор

ахлат машинаси

сміттєвоз

мотор

двигун

ёқилғи

паливо

ёқилғи қуйиш шаҳобчаси

автозаправна станція

йўл белгиси

дорожній знак

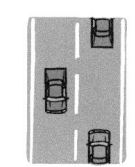

йўл ҳаракати

рух

тирбанд

затор

автомобил тўхтаб туриш жойи

стоянка

поезд бекати

вокзал

рельс

рейки

поезд

потяг

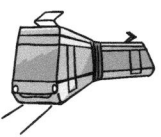

трамвай

трамвай

вагон

вагон

вертолёт

гелікоптер

аэропорт

аеропорт

минора

вежа

йўловчи

пасажир

контейнер

контейнер

қоғоз қути

коробка

аравача

візок

сават

кошик

учмоқ / қўнмоқ

стартувати / приземлятися

шаҳар

місто

қишлоқ

село

шаҳар маркази

центр міста

уй

дім

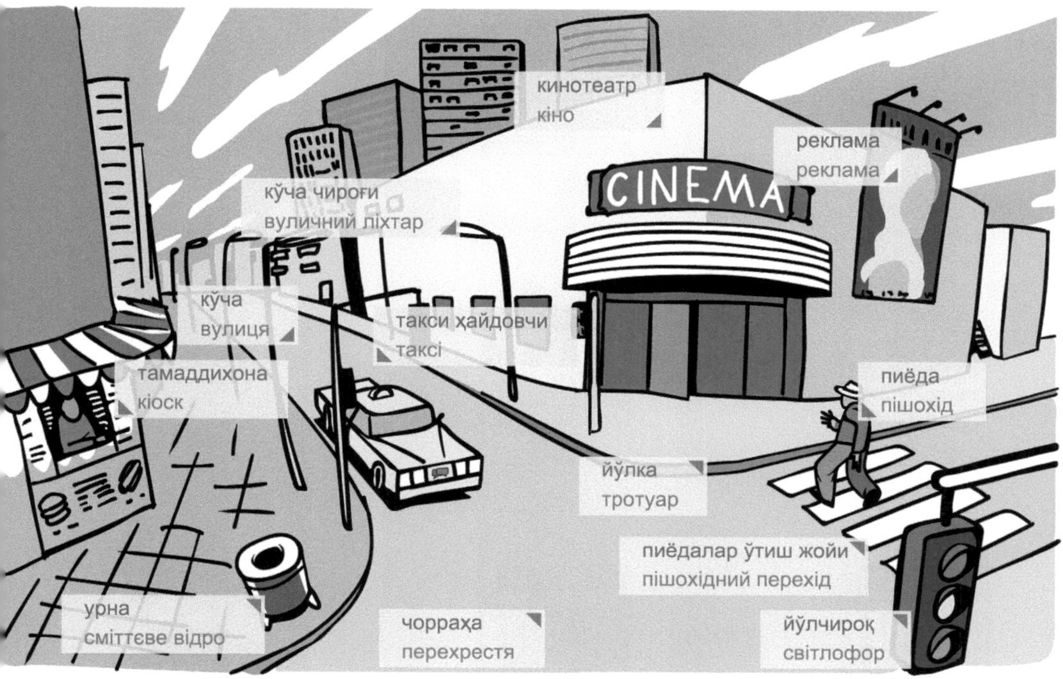

кинотеатр
кіно

реклама
реклама

кўча чироғи
вуличний ліхтар

кўча
вулиця

такси ҳайдовчи
таксі

тамаддихона
кіоск

пиёда
пішохід

йўлка
тротуар

пиёдалар ўтиш жойи
пішохідний перехід

урна
сміттєве відро

чорраҳа
перехрестя

йўлчироқ
світлофор

кулба

хатина

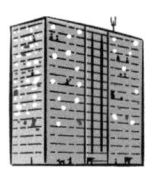

квартира

квартира

поезд бекати

вокзал

маҳаллий ҳокимият биноси

ратуша

музей

музей

мактаб

школа

шаҳар - місто

олийгоҳ

університет

банк

банк

шифохона

лікарня

меҳмонхона

готель

дорихона

аптека

идора

офіс

китоб дўкони

книжковий магазин

дўкон

магазин

гул дўкони

квітковий магазин

супермаркет

супермаркет

бозор

ринок

универмаг

універмаг

балиқ дўкони

торговець рибою

савдо маркази

торговельний центр

бандаргоҳ

гавань

истироҳат боғи

парк

банк

лава

кўприк

міст

зинапоя

сходи

метро

метро

ер ости йўли

тунель

автобус бекати

автобусна зупинка

бар

бар

ресторан

ресторан

почта қутиси

поштова скринька

кўча ёзув осма тахтаси

вулична табличка

тўхтаб туриш вақтини ҳисоблагич

лічильник паркування

ҳайвонот боғи

зоопарк

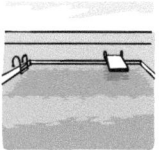

бассейн

басейн

масжид

мечеть

чорвачилик хўжалиги

ферма

атроф-муҳит
ифлосланиши
забруднення
навколишнього
середовища

қабристон

кладовище

ибодатхона

церква

болалар ўйингоҳи

дитячий майданчик

эҳром

храм

манзара

ландшафт

японроқ
листок

йўлкўрсатгич
вказівний стовп

йўл
шлях

ўтлоқ
луг

тош
камінь

пиёда сайёҳ
мандрівник

дарахт
дерево

дарё
річка

майса
трава

гул
квітка

водий
долина

қир
гора

кўл
озеро

ўрмон
ліс

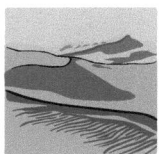

чўл
пустеля

вулкан
вулкан

қалъа
замок

камалак
веселка

қўзиқорин
гриб

пальма дарахти
пальма

пашша
комар

чивин
муха

чумоли
мурашка

асалари
бджола

ўргимчак
павук

қўнғиз

жук

қурбақа

жаба

олмахон

вивірка

типратикон

їжак

қуён

заєць

укки

сова

қуш

птах

оққуш

лебідь

эркак чўчқа

кабан

буғу

олень

бутоқ шоҳли кийик

лось

тўғон

гребля

шамол генератори

вітряк

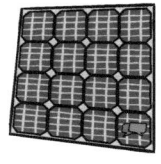

қуёш батареяси

сонячний модуль

иқлим

клімат

ресторан
ресторан

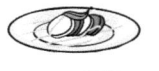

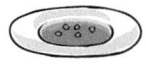

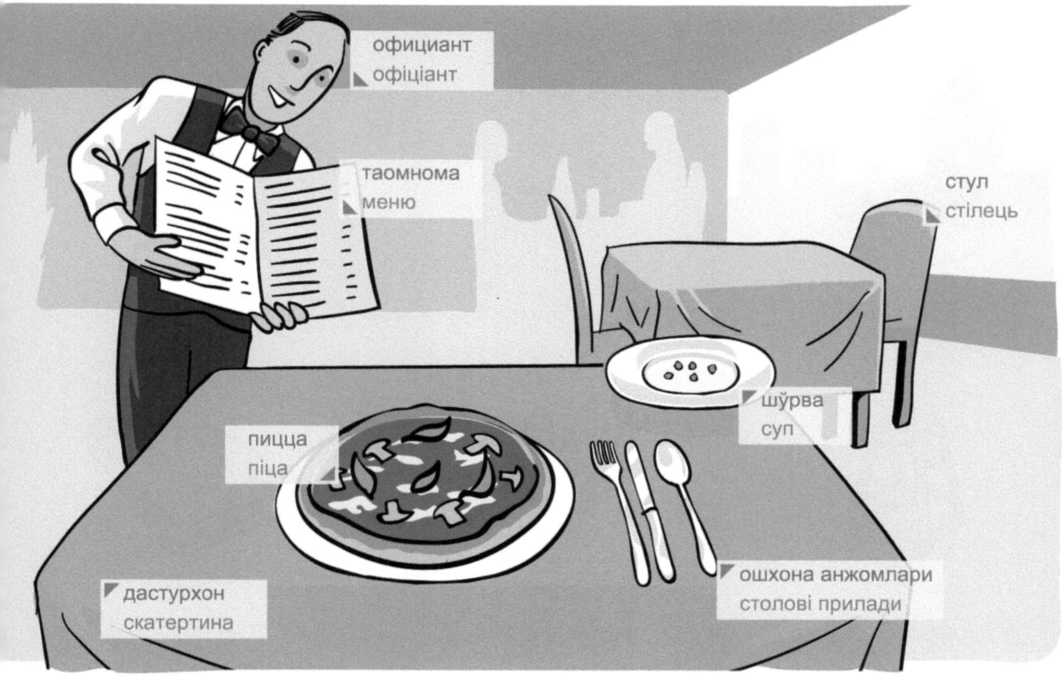
официант
офіціант
таомнома
меню
стул
стілець
шўрва
суп
пицца
піца
дастурхон
скатертина
ошхона анжомлари
столові прилади

газак

закуска

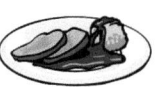

асосий таом

друга страва

десерт

десерт

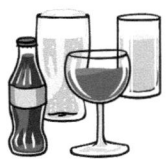

ичимликлар

напої

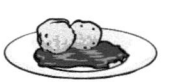

таом

їжа

бутилка

пляшка

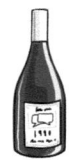

тез пишар таом

фаст-фуд

кўча таоми

вулична їжа

чойнак

чайник

шакардон

цукорниця

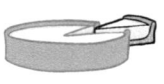

порция

порція

эспрессо кофе машинаси

еспресо-машина

болалар курсичаси

високий стільчик

ҳисоб

рахунок

лаган

піднос

пичоқ

ніж

санчқи

вилка

қошиқ

ложка

чой қошиқ

чайна ложка

кўл сочиқ

серветка

стакан

склянка

ресторан - ресторан

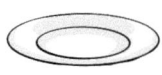

ликоп

тарілка

шӯрва коса

тарілка для супу

тақсимча

блюдце

қайла

соус

туздон

солонка

қалампир янчгич

млин для перцю

сирка

оцет

ёғ

масло

зираворлар

спеції

кетчуп

кетчуп

хантал

гірчиця

майонез

майонез

супермаркет

супермаркет

чегирма
пропозиція
FOR
мижоз
клієнт
сут маҳсулотлари
молочні продукти
мева
фрукти
харид араваси
візок для покупок

BUTCHERS

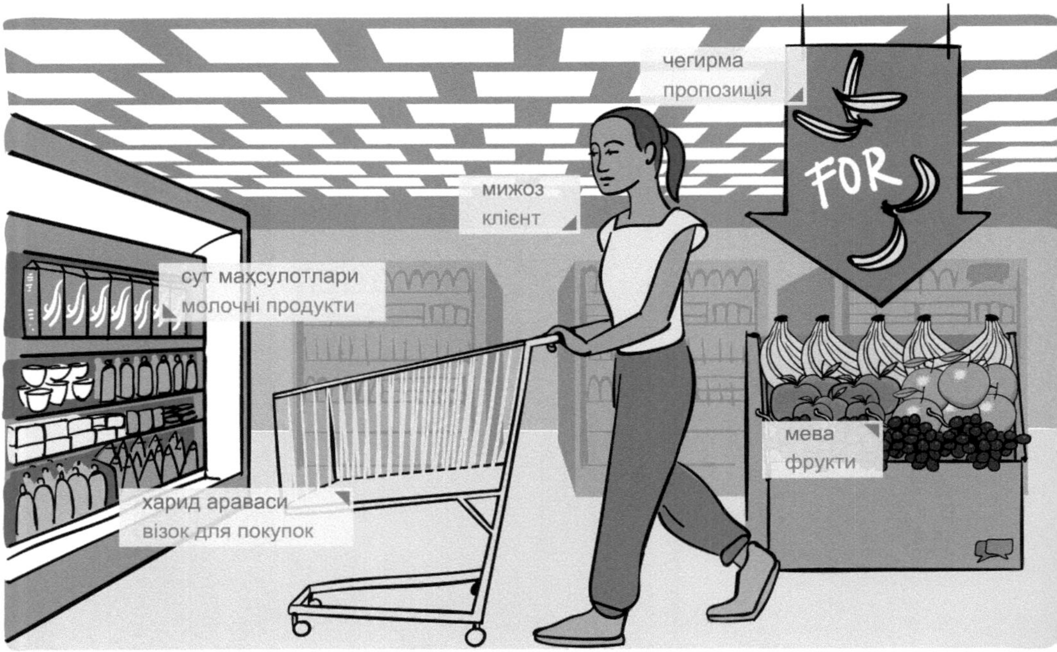

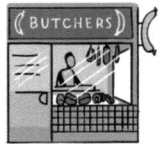

қассобхона

м'ясний магазин

BAKERY

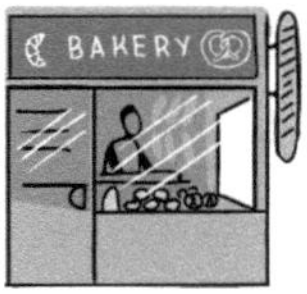

нонвойхона

пекарня

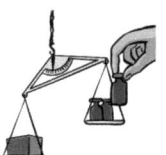

тарозида ўлчамоқ

зважувати

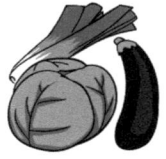

сабзавот

овочі

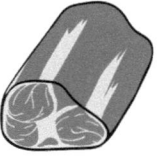

гўшт

м'ясо

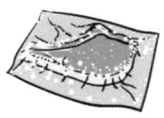

музлатилган таомлар

заморожені продукти

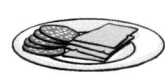

яхна гўшт

ковбасна нарізка

консерва

консерви

кир ювиш воситаси

пральний порошок

ширинликлар

солодощи

кундалик истеъмол моллар

предмети домашнього побуту

ювиш воситалари

мийний засіб

сотувчи

продавщиця

касса аппарати

каса

ғазначи

касир

харид рўйхати

список покупок

иш вақти

часи роботи

ҳамён

гаманець

омонат карта

кредитна картка

халта

сумка

целлофан халта

поліетиленовий пакет

супермаркет - супермаркет

сув

вода

шарбат

сік

сут

молоко

кока-кола

кола

вино

вино

пиво

пиво

спиртли ичимлик

алкоголь

какао

какао

чой

чай

кофе

кава

эспрессо

еспресо

капучино

капучіно

банан

банан

олмахон

яблуко

апельсин

апельсин

қовун

кавун

лимон

лимон

сабзи

морква

саримсоқ

часник

бамбук

бамбук

пиёз

цибуля

қўзиқорин

гриб

ёнғоқ

горішки

лағмон

локшина

спагетти

спагеті

гуруч

рис

салат

салат

картошка-фри

картопля фрі

қовурилган картошка

смажена картопля

пицца

піца

гамбургер

гамбургер

сэндвич

бутерброд

тўқмоқланган тўш қиймаси

шніцель

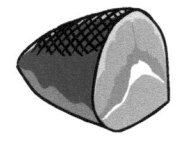

дудланган чўчқа гўшти

шинка

салями колбасаси

салямі

сосиска

ковбаса

товуқ гўшти

курка

қовурилган

печеня

балиқ

риба

сули бўтқаси

вівсяні пластівці

мюсли

мюслі

маккажўхори ёрмаси

кукурудзяні пластівці

ун

борошно

француз булочкаси

круасан

булочка

булочка

нон

хліб

қизартирилган нон бўлаги

тостовий хліб

пиширик

печиво

сариёғ

масло

творог

сир

пирог

пиріг

тухум

яйце

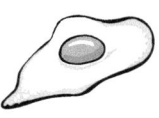

қовурилган тухум

яєчня

пишлоқ

сир

таом - їжа

25

музқаймоқ

морозиво

шакар

цукор

асал

мед

мураббо

мармелад

шоколад пастаси

нуга-крем

зарчава

карі

таом - їжа

чорвачилик хўжалиги

ферма

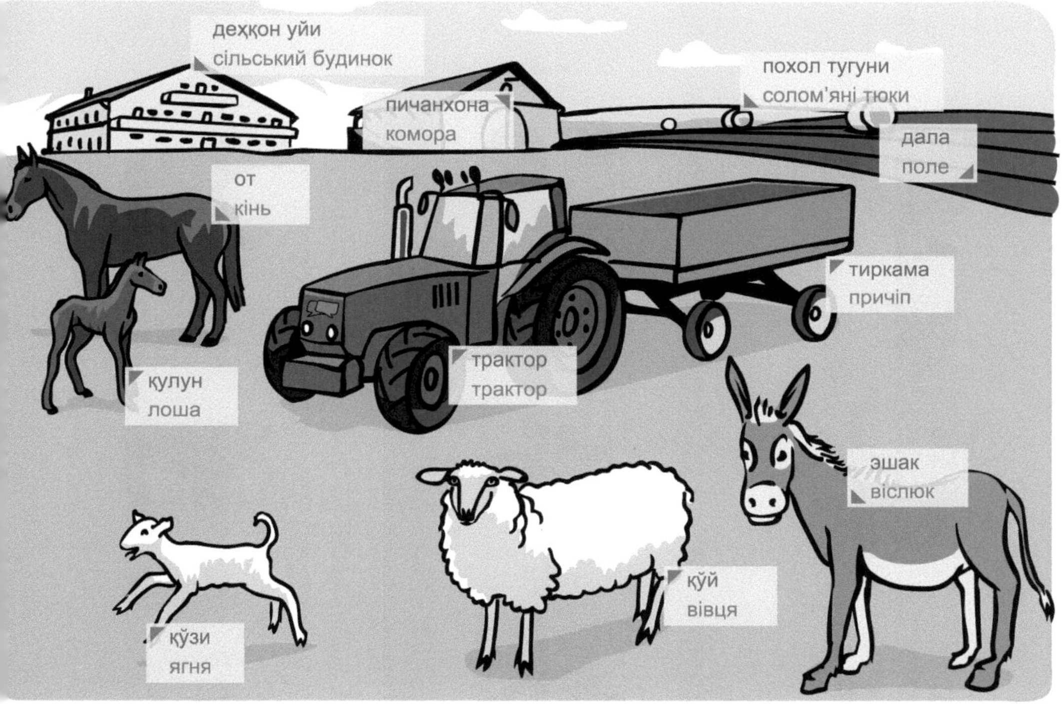
деҳқон уйи
сільський будинок
пичанхона
комора
похол тугуни
солом'яні тюки
дала
поле
от
кінь
тиркама
причіп
трактор
трактор
қулун
лоша
эшак
віслюк
қўй
вівця
қўзи
ягня

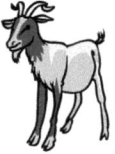

эчки

коза

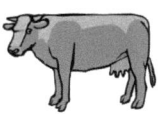

сигир

корова

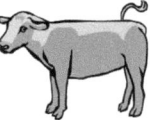

бузоқ

теля

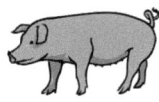

чўчқа

свиня

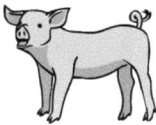

чўчқа боласи

порося

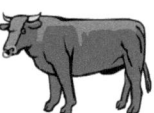

буқа

бик

ғоз
гусак

ўрдак
качка

жўжа
курча

товуқ
курка

хўроз
півень

каламуш
щур

мушук
кіт

сичқон
миша

хўкиз
віл

ит
собака

каталак
собача будка

ҳовли боғ шланги
садовий шланг

гулчелак
лійка

белўроқ
коса

темир омоч
плуг

кўлўроқ

серп

чопқи

мотика

паншаха

вила

болта

сокира

ғалтакарава

тачка

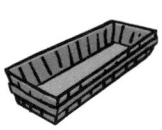

охур

корито

сут бидони

бідон молока

тўрва

мішок

панжара

паркан

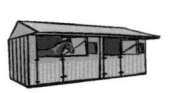

оғилхона

хлів

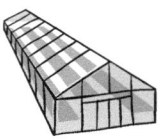

иссиқхона

теплиця

тупроқ

ґрунт

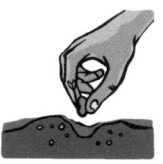

уруғ

насіння

ўғит

добриво

комбайн

комбайн

ҳосил олмоқ

пожинати

йиғим-терим

урожай

ямс

корінь ямсу

буғдой

пшениця

соя

соя

картошка

картопля

маккажўхори

кукурудза

рапс уруғи

ріпак

мевали дарахт

плодове дерево

маниок

маніок

ёрма

злаки

мӯри
димохід

том
дах

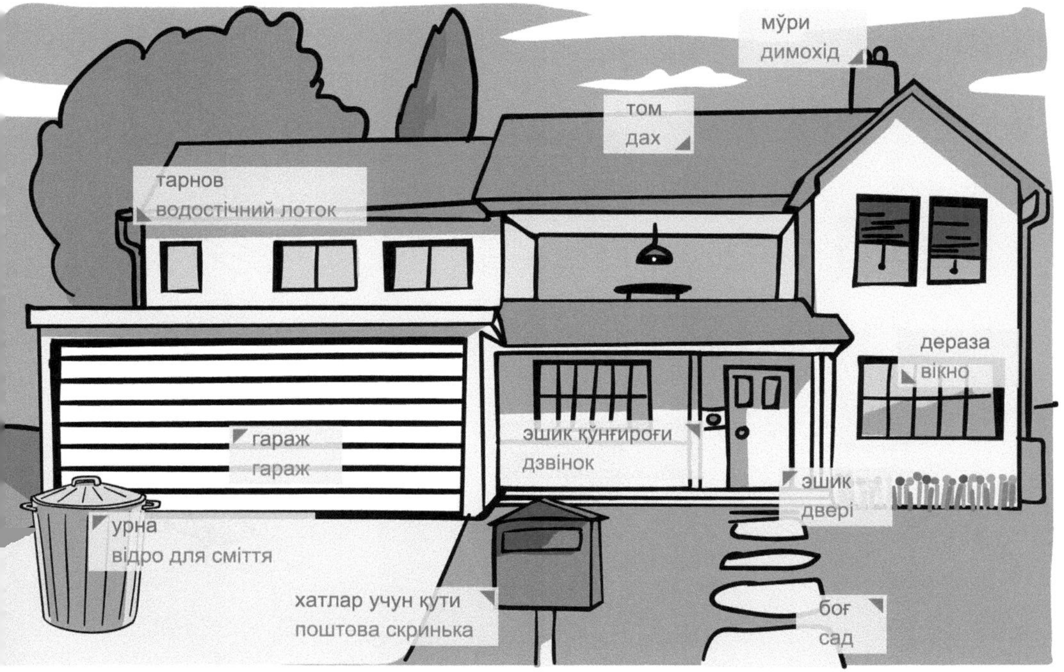

тарнов
водостічний лоток

дераза
вікно

гараж
гараж

эшик қӯнғироғи
дзвінок

эшик
двері

урна
відро для сміття

хатлар учун қути
поштова скринька

боғ
сад

мехмонхона
вітальня

ваннахона
ванна кімната

ошхона
кухня

ётоқхона
спальня

болалар хонаси
дитяча кімната

ошхона
їдальня

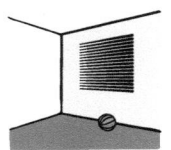

пол

підлога

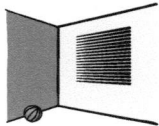

девор

стіна

шип

стеля

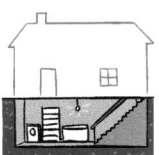

подвал

підвал

сауна

сауна

болохона айвони

балкон

айвон

тераса

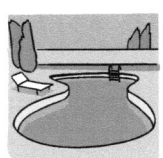

бассейн

басейн

ўт ўргич машина

косарка

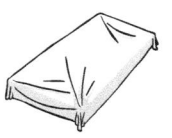

кўрпажилд

простирало

чойшаб

ковдра

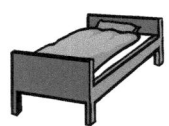

кроват

ліжко

супурги

мітла

пақир

відро

мурват

перемикач

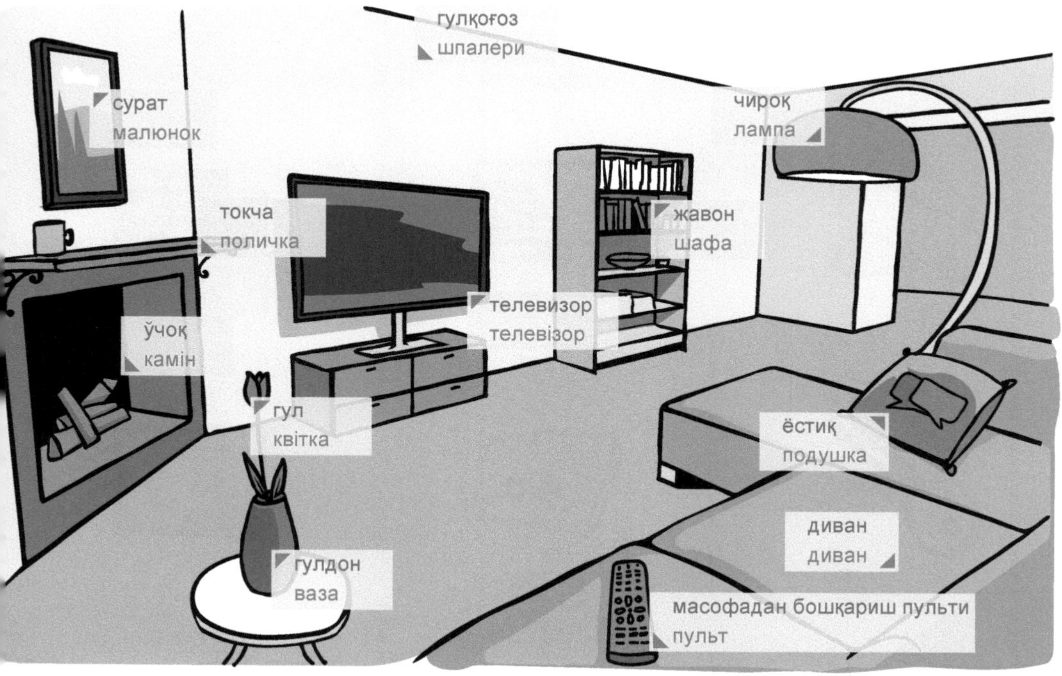

гулқоғоз
шпалери

сурат
малюнок

чироқ
лампа

токча
поличка

жавон
шафа

ўчоқ
камін

телевизор
телевізор

гул
квітка

ёстиқ
подушка

диван
диван

гулдон
ваза

масофадан бошқариш пульти
пульт

гилам

килим

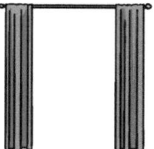

парда

завіса

стол

стіл

стул

стілець

тебранма курси

крісло-гойдалка

кресло

крісло

китоб

книга

кӯрпа

ковдра

ҳашам

прикраса

ӯтин

дрова

кино

фільм

стерео қурилма

стереосистема

калит

ключ

рӯзнома

газета

расм

картина

плакат

плакат

радио

радіо

ён дафтар

блокнот

чанг ютгич

пилосос

кактус

кактус

шам

свічка

ошхона

кухня

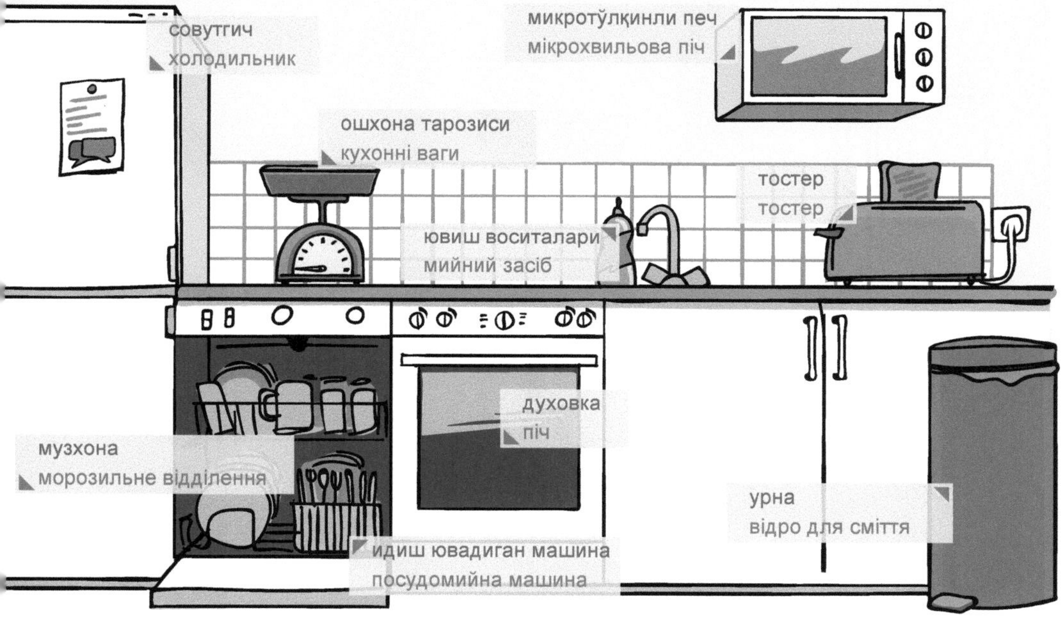

совутгич
холодильник
микротўлқинли печ
мікрохвильова піч
ошхона тарозиси
кухонні ваги
тостер
тостер
ювиш воситалари
мийний засіб
духовка
піч
музхона
морозильне відділення
урна
відро для сміття
идиш ювадиган машина
посудомийна машина

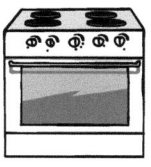

плита

плита

кастрюль

горщик

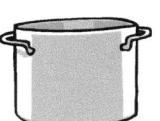

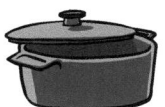

чўян қозон

чавунний горщик

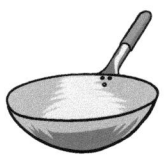

бўртма тубли това

вок / кадай

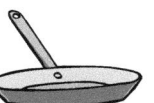

това

сковорода

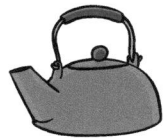

човгун

чайник

мантиқасқон

пароварка

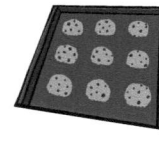

тунука това

лист

идиш

посуд

кружка

кухоль

коса

чаша

таом ейиш таёқчалари

палички для їжі

чўмич

черпак

куракча

лопатка

кўпиртиргич

вінчик для збивання

элак

сито

элак

сито

қирғич

терка

ҳовонча

ступка

гриль

барбекю

олов

багаття

оштахта

дошка

жува

качалка

пармасимон тиқин очгич

штопор

консерва

конзерва

консерва очгич

відкривачка

тутгич

прихватки

унитаз

раковина

идиш чўтка

щітка

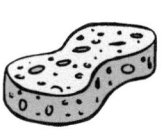

қозонсочиқ

губка

қориштиргич

міксер

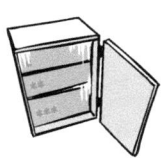

музлатгич

морозильна камера

сўрғичли чақалоқ
бутилкаси

дитяча пляшка

кран

кран

ошхона - кухня

ваннахона

ванна кімната

иситиш тизими
опалення
душ
душ
сочиқ
рушник
дарпарда
душова завіса
кўпикли ванна
пiниста ванна
ванна
ванна
стакан
склянка
кир ювиш машинаси
пральна машина
кран
кран
кафель
плитка
тувак
горшок
унитаз
раковина

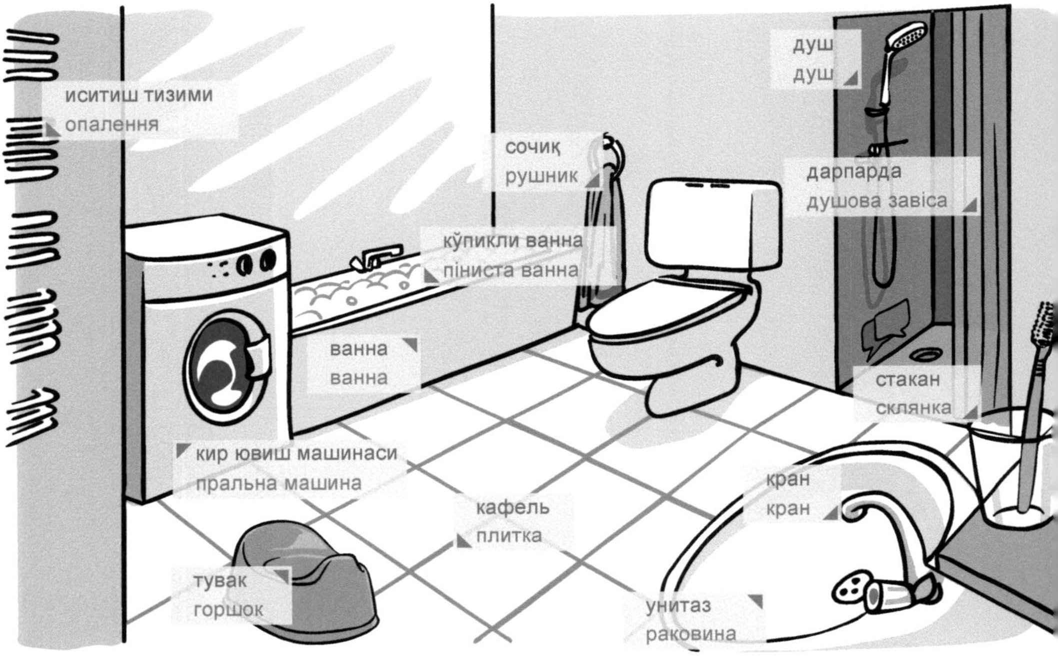

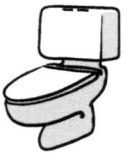

ҳожатхона

туалет

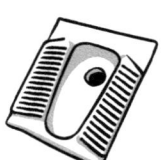

полга ўрнатиладиган унитаз

підлоговий туалет

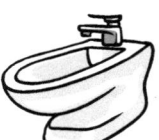

таҳоратдон

біде

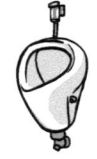

сийдик унитази

пісуар

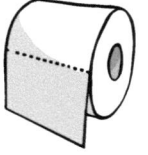

ҳожатхона қоғози

туалетний папір

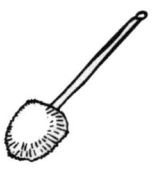

ҳожатхона чўткаси

щітка для туалету

тиш чўтка

зубна щітка

тиш пастаси

зубна паста

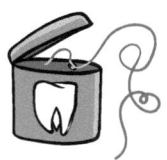

тиш тозалагич ип

нитка для чищення зубів

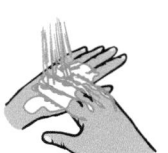

ювмоқ

мити

дастакли душ

ручний душ

таҳорат учун душ

інтимний душ

тоғора

таз

елка қашлайдиган чўтка

щітка для спини

совун

мило

душ учун гель

гель для душу

шампунь

шампунь

мочалка

мочалка

қувур

водостік

крем

крем

дезодарант

дезодорант

кўзгу

дзеркало

қўл кўзгуси

косметичне дзеркало

устара

бритва

устара учун кўпик

піна для гоління

салқинлантирувчи
бальзам
лосьйон після гоління

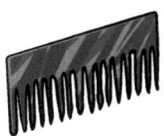

тароқ

гребінь

чўтка

щітка

фен

фен

соч учун лак

лак для волосся

пардоз-андоз

косметика

лаб учун помада

губна помада

тирноқ лаки

лак для нігтів

пахта

вата

тирноқ қайчиси

ножиці для нігтів

духи

парфум

пардоз-андоз халтаси
....
косметичка

курси
....
табурет

тарози
....
ваги

чўмилиш халати
....
халат

резина қўлқоп
....
гумові рукавички

тампон
....
тампон

гигиеник таглик
....
гігієнічні прокладки

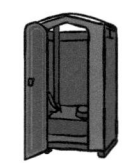

биохожатхона
....
біотуалет

болалар хонаси

дитяча кімната

бонг соат
будильник
юмшоқ ўйинчоқ
м'яка іграшка
ўйинчоқ машина
іграшковий автомобіль
шақилдоқ
брязкальце
қўғирчоқ уй
ляльковий будиночок
совға
подарунок

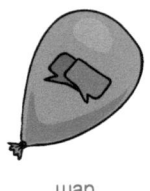

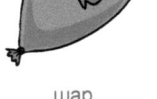

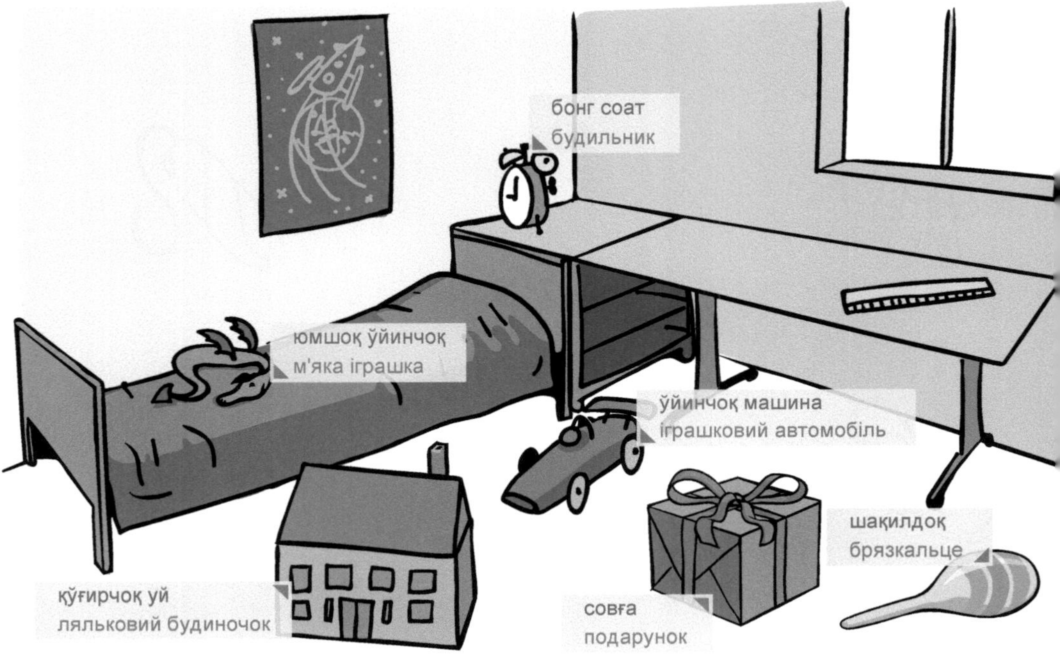

шар

повітряна кулька

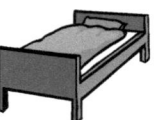

кроват

ліжко

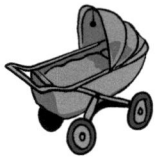

болалар аравачаси

дитячий візок

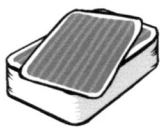

карта тўплами

картярська гра

терма тасвир

пазл

SUPER MEGA

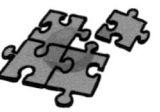

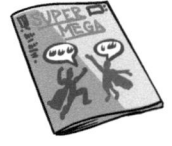

кулгили саҳна асари

комікс

лего ғиштлари

лего цеглинки

ўйинчоқ кубиклар

блоки

ўйинчоқ қаҳрамон

іграшкова фігурка

ползунка

повзунки

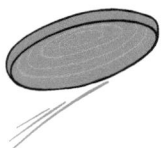

учар ликопча

фризбі

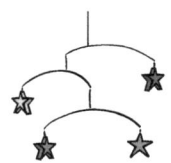

осма шақилдоқ

мобіле

стол ўйини

настільна гра

ошиқ

кубик

поезд макети

модель залізнична станція

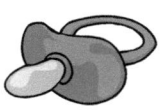

сўрғич

соска

ўтириш

вечірка

расмли китоб

книжка з картинками

копток

м'яч

қўғирчоқ

лялька

ўйнамоқ

грати

қумдон

пісочниця

арғимчоқ

гойдалка

ўйинчоқлар

іграшка

ўйин приставкаси

гральна консоль

уч ғилдиракли велосипед

триколісний велосипед

бахмал айиқ

плюшевий мішка

кийим шкафи

шафа

КИЙИМ

ОДЯГ

пайпоқ

шкарпетки

чулки

панчохи

колготка

колготки

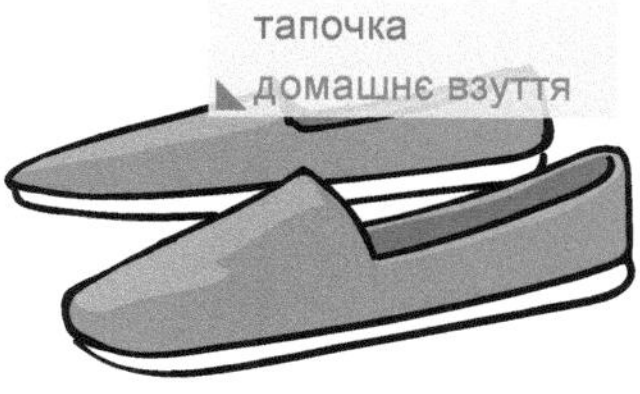

шарф
шарф

соябон
парасоля

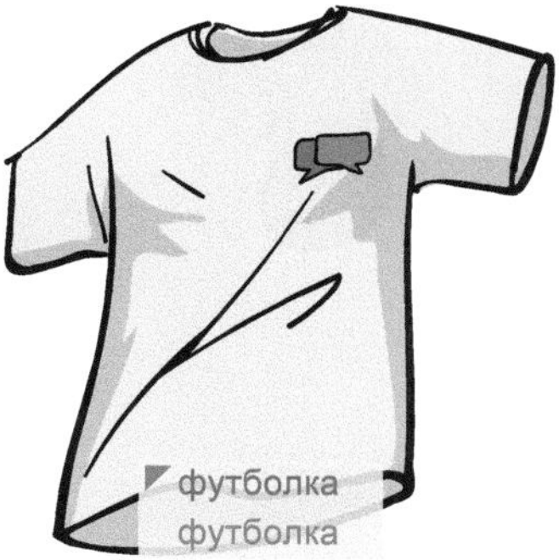

футболка
футболка

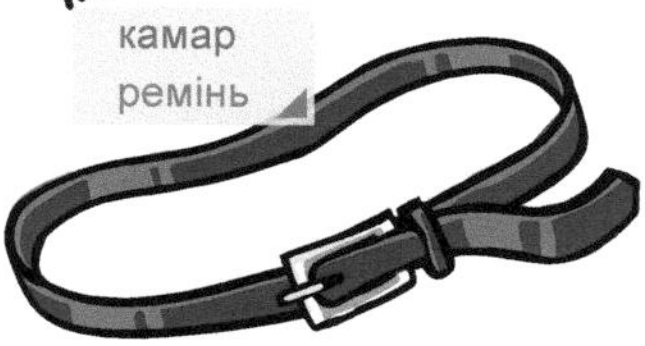

камар
ремінь

ботинка
чоботи

тапочка
домашнє взуття

кроссовка
кросівки

шиппак
....
сандалі

туфли
....
взуття

резина этик
....
гумові чоботи

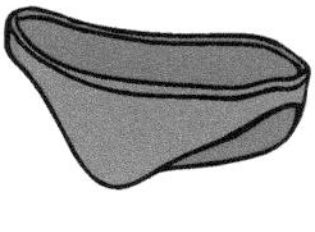

тор турсик
....
труси

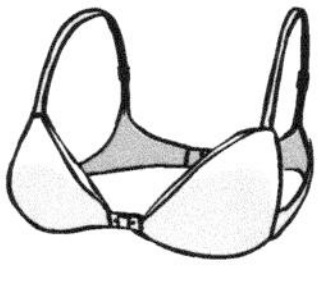

кўкракпеч
....
бюстгальтер

майка
....
нижня сорочка

боди
боді

иштон
штани

жинси
джинси

юбка
спідниця

кофта
блузка

кўйлак
сорочка

жемпер
пуловер

узун чакмон
светр

спорт бичимидаги пиджак
піджак

куртка
куртка

пальто
пальто

плаш
дощовик

либос
костюм

кўйлак
сукня

келин кўйлак
весільна сукня

костюм шим

костюм

тунги кўйлак

нічна сорочка

пижама

піжама

сари

сарі

шолрўмол

головна хустка

салла

чалма

паранжи

бурка

чакмон

кафтан

абая

абая

чўмилиш костюми

купальник

турсик

плавки

шортик

шорти

спорт костюми

тренувальний костюм

фартук

фартух

қўлқоп

рукавички

тугма

гудзик

кўзойнак

окуляри

билагузук

браслет

мунчоқ

ланцюг

узук

кільце

сирға

сережка

кепка

шапка

пальто илгак

плічка

шляпа

капелюх

бўйинбоғ

краватка

замок

застібка-блискавка

дубулға

шолом

шим тортгич

підтяжки

мактаб формаси

шкільна форма

форма

уніформа

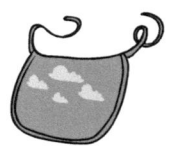

ошхўрак

нагрудник

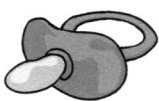

сўрғич

соска

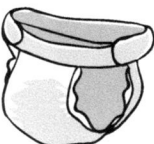

таглик

підгузок

идора

офіс

сервер
сервер
қоғоз-ҳужжатлар шкафи
шаф для документів
принтер
принтер
экран
монітор
қоғоз
папір
иш столи
письмовий стіл
сичқонча
миша
папка
папка
клавиатура
синтезатор
урна
кошик для паперу
компьютер
комп'ютер
стул
стілець

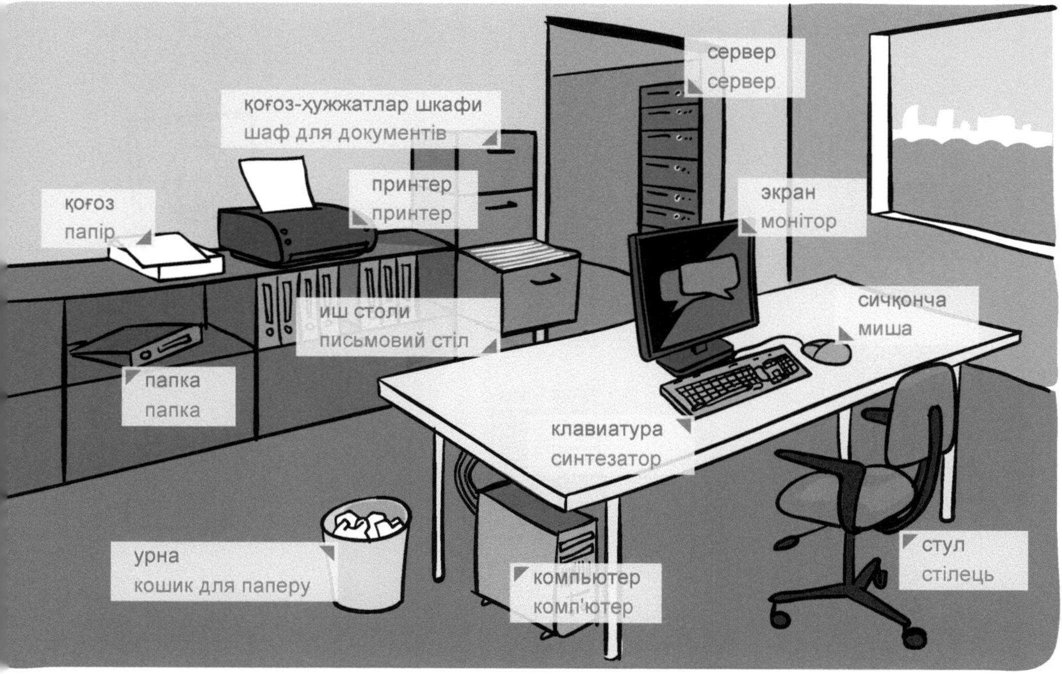

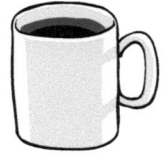

кофе кружкаси

кавовий кухоль

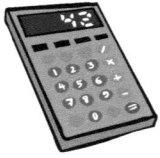

калькулятор

калькулятор

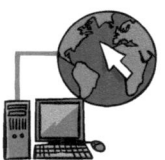

интернет

інтернет

ноутбук

ноутбук

хат

лист

мактуб

повідомлення

уяли телефон

мобільний телефон

тармоқ

мережа

нусха кўчиргич

копіювальний пристрій

дастур

програмне забезпечення

телефон

телефон

розетка

розетка

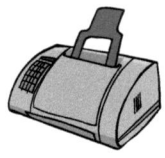

факс

факс

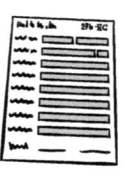

шакллар

бланк

ҳужжат

документ

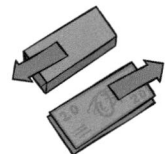

харид қилмоқ

купувати

тўламоқ

платити

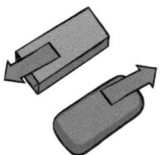

савдолашмоқ

торгувати

пул

гроші

доллар

долар

евро

євро

йен

ієна

рубль

рубль

швейцар франки

франк

Жэньминьби хитой юани

юанів женьміньбі

рупи

рупія

банкомат

банкомат

пул айирбошлаш шаҳобчаси
обмінний пункт

олтин
золото

кумуш
срібло

нефт
нафта

энергия
енергія

нарх
ціна

шартнома
контракт

солиқ
податок

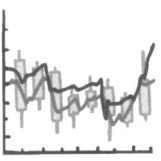

акция
акція

ишламоқ
працювати

ишчи
працівник

иш берувчи
роботодавець

завод
фабрика

дўкон
магазин

касблар
професії

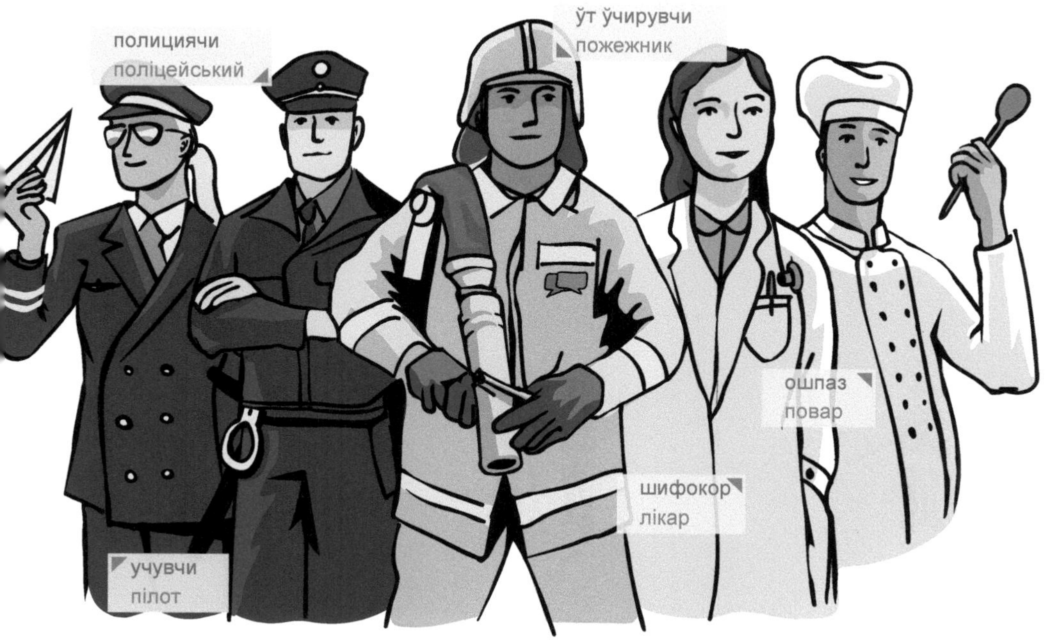
полициячи
поліцейський
ўт ўчирувчи
пожежник
ошпаз
повар
шифокор
лікар
учувчи
пілот

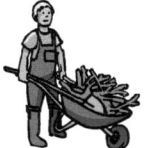

боғбон

садівник

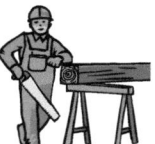

дурадгор

столяр

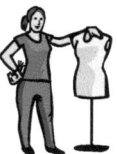

тикувчи

швачка

ҳакам

суддя

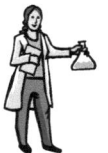

кимёгар

хімік

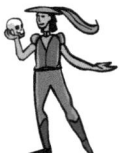

актёр

актор

автобус ҳайдовчиси

водій автобуса

такси ҳайдовчи

таксист

балиқчи

рибалка

фаррош

прибиральниця

том устаси

покрівельник

официант

офіціант

овчи

мисливець

бўёқчи

художник

нонвой

пекар

электр устаси

електрик

қурувчи

будівельник

муҳандис

інженер

қассоб

забійник

сувчи чилангар

бляхар

почтачи

листоноша

аскар

солдат

меъмор

архітектор

ғазначи

касир

гулчи

флорист

сарторош

перукар

чиптачи

кондуктор

механик

механік

капитан

капітан

тиш шифокори

дантист

олим

вчений

яхудийлар руҳонийси

рабин

имом

імам

роҳиб

монах

руҳоний

пастор

асбоблар
інструменти

болға
молоток
омбир
щипці
отвертка
викрутка
гайка очгич
гайковий ключ
чўнтак чироғи
кишеньковий ліх

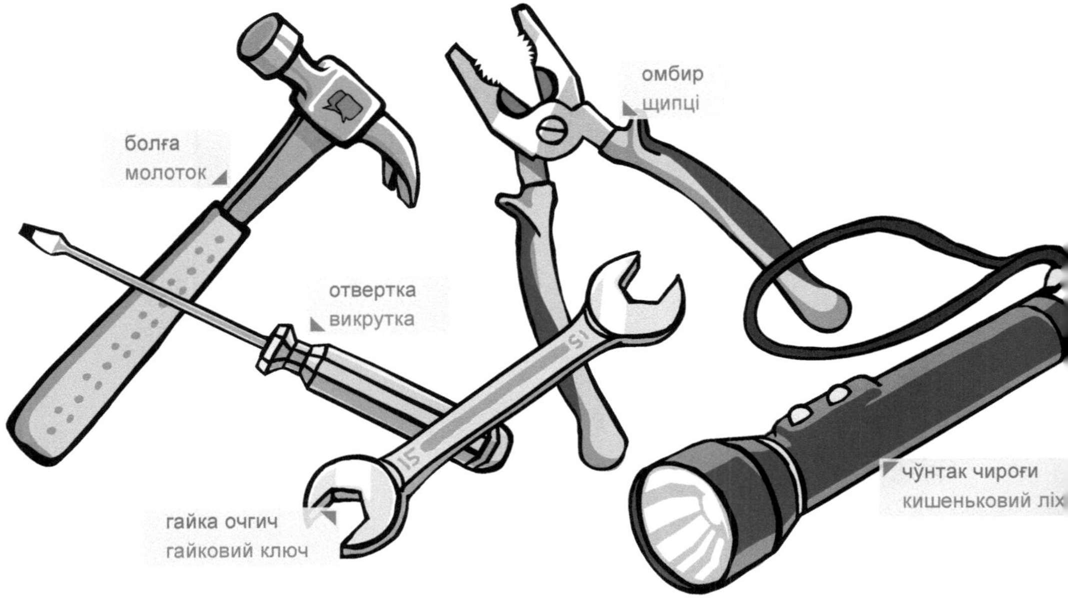

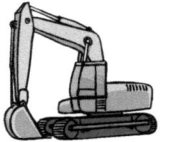

экскаватор

екскаватор

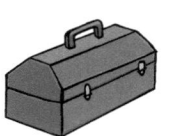

асбоблар қутиси

ящик для інструментів

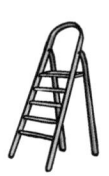

нарвон

драбина

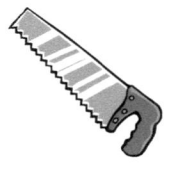

қўларра

пилка

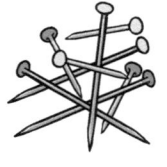

мих

цвяхи

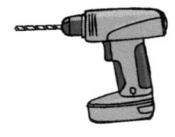

пармадаста

свердло

тузатмоқ
....
ремонтувати

белкурак
....
лопата

Жин урсин!
....
лайно!

хокандоз
....
совок

бўёқ идиш
....
відро з фарбою

бурама мих
....
гвинти

мусиқа асбоблари
музичні інструменти

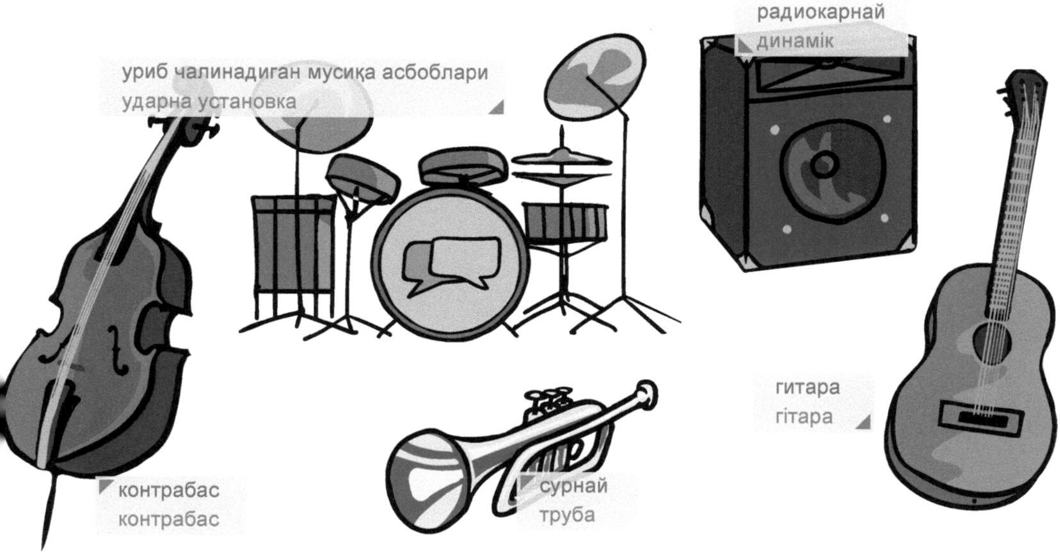

уриб чалинадиган мусиқа асбоблари
ударна установка

радиокарнай
динамік

гитара
гітара

контрабас
контрабас

сурнай
труба

пианино

фортепіано

ғижжак

скрипка

бас-гитара

бас

қўшноғора

литаври

дўмбира

барабан

клавиатура

клавіатура

саксофон

саксофон

най

флейта

микрофон

мікрофон

ҳайвонот боғи

зоопарк

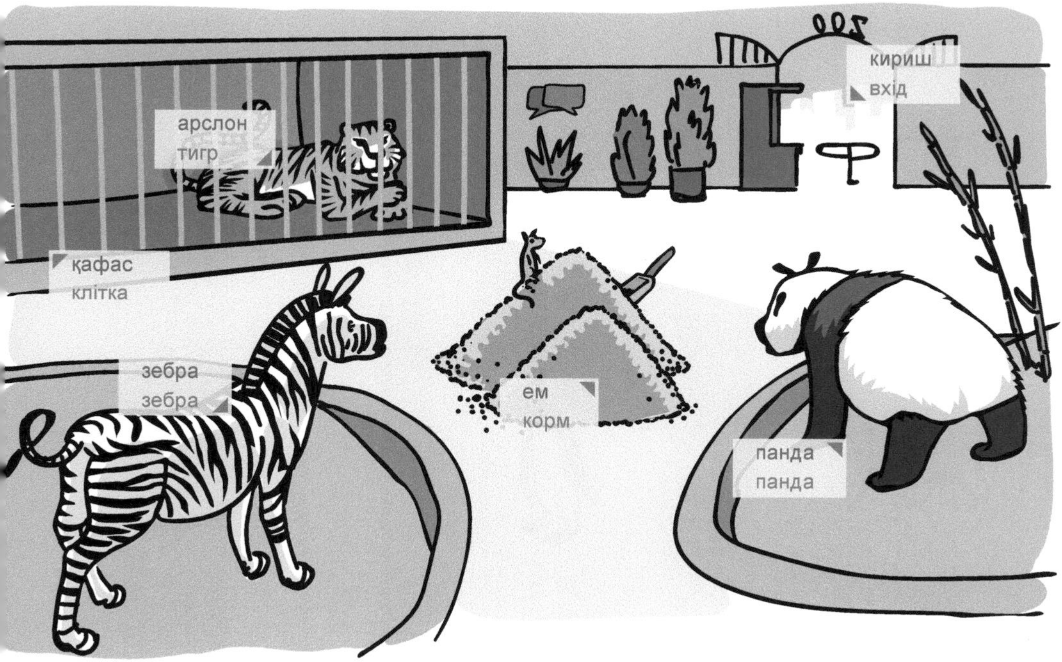

арслон
тигр
кириш
вхід
қафас
клітка
зебра
зебра
ем
корм
панда
панда

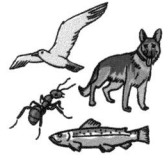

ҳайвонлар

тварини

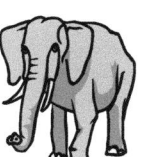

фил

слон

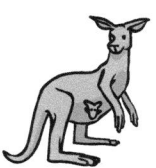

кенгуру

кенгуру

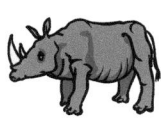

каркидон

носоріг

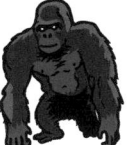

горилла

горила

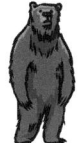

айиқ

ведмідь

туя
верблюд

туяқуш
страус

шер
лев

маймун
мавпа

фламинго
фламінго

тўти
папуга

оқ айиқ
білий ведмідь

пингвин
пінгвін

акула
акула

товус
павич

илон
змія

тимсоҳ
крокодил

ҳайвонот боғи қоровули
працівник зоопарку

тюлень
тюлень

ягуар
ягуар

ҳайвонот боғи - зоопарк

тўпичоқ от

поні

қоплон

леопард

бегемот

гіпопотам

жирафа

жираф

бургут

орел

эркак чўчқа

кабан

балиқ

риба

тошбақа

черепаха

морж

морж

тулки

лисиця

оху

газель

ҳайвонот боғи - зоопарк

америка футболи
американський футбол

велосипед ҳайдаш
їзда на велосипеді

теннис
теніс

баскетбол
баскетбол

сузиш
плавання

бокс
бокс

муз хоккейи
хокей

футбол
футбол

бадминтон
бадмінтон

енгил атлетика
легка атлетика

қўлтўпи
гандбол

чанғи учиш
лижні перегони

поло
поло

сакрамоқ
стрибати

кулмоқ
сміятися

кучмоқ
обіймати

юрмоқ
йти

куйламоқ
співати

хаёл қилмоқ
мріяти

ибодат қилмоқ
молитися

ўпмоқ
цілувати

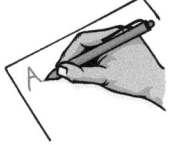

ёзмоқ

писати

чизмоқ

малювати

кўрсатмоқ

показувати

итармоқ

тиснути

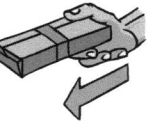

бермоқ

давати

олмоқ

брати

эга бўлмоқ

мати

бажармоқ

робити

бўлмоқ

бути

турмоқ

стояти

югурмоқ

бігати

тортмоқ

тягнути

улоқтирмоқ

кидати

йиқилмоқ

падати

алдамоқ

лежати

кутмоқ

очікувати

ташимоқ

носити

ўтирмоқ

сидіти

кийинмоқ

одягати

ухламоқ

спати

уйғонмоқ

просипатися

қарамоқ

дивитися

йиғламоқ

плакати

зарба бермоқ

гладити

тарамоқ

розчісувати

гаплашмоқ

розмовляти

тушунмоқ

розуміти

сўрамоқ

питати

тингламоқ

слухати

ичмоқ

пити

емоқ

їсти

йиғиштирмоқ

прибирати

севмоқ

любити

пиширмоқ

варити

ҳайдамоқ

їхати

учмоқ

літати

кемада сузмоқ

йти під вітрилом

ҳисобламоқ

рахувати

ўқимоқ

читати

ўрганмоқ

вчитися

ишламоқ

працювати

турмуш қурмоқ

одружуватися

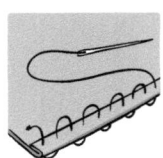

тикмоқ

шити

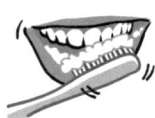

тиш ювмоқ

чистити зуби

ўлдирмоқ

убивати

чекмоқ

курити

йўлламоқ

посилати

буви
бабуся

бува
дідуся

ота
батько

она
мати

чақалоқ
немовля

қиз
донька

ўғил
син

меҳмон

гість

амма

тітка

тоға

дядько

ака

брат

опа

сестра

тана
тіло

пешона
чоло
кўз
око
елка
плече
бармоқ
палець
юз
обличчя
ияк
підборіддя
қўл панжалари
кисть
оёқ
нога
кўкрак
груди
қўл
рука

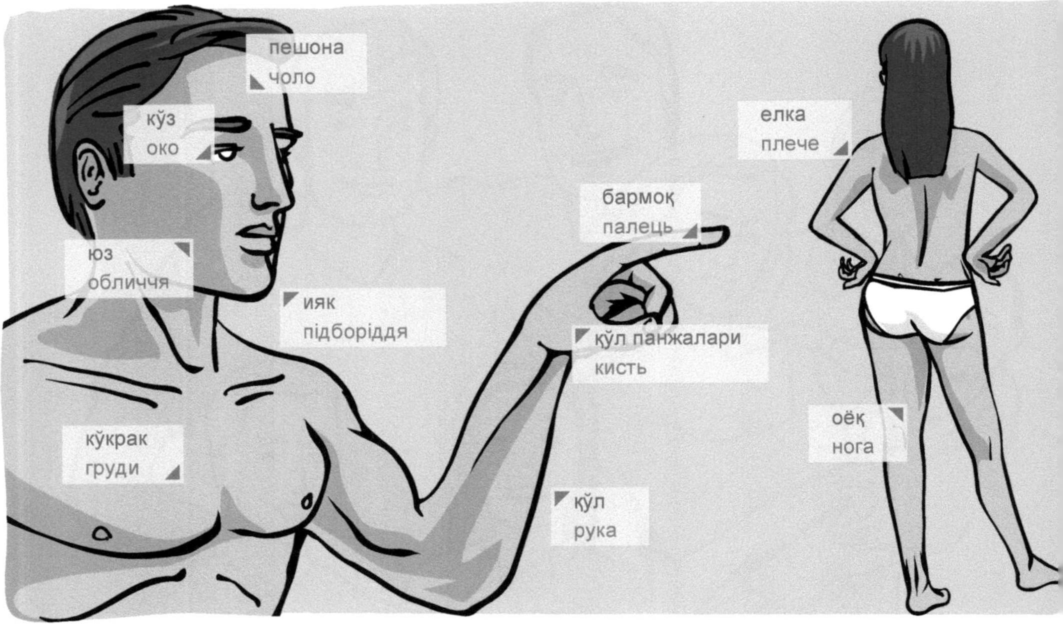

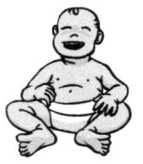

чақалоқ

немовля

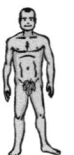

одам

чоловік

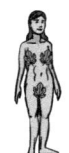

аёл

жінка

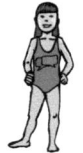

қиз бола

дівчина

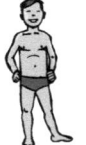

ўғил бола

хлопчик

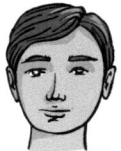

бош

голова

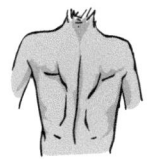

орқа
....
спина

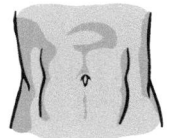

қорин
....
живіт

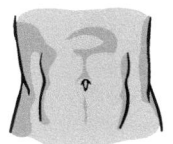

киндик
....
пуп

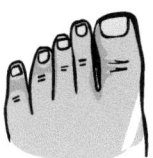

оёқ панжаси
....
палець ноги

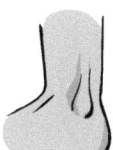

товон
....
п'ята

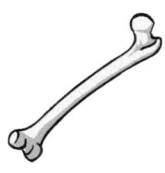

суяк
....
кістка

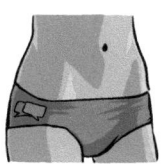

бел
....
стегно

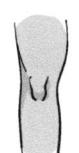

тизза
....
коліно

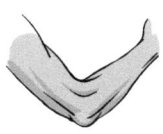

тирсак
....
лікоть

бурун
....
ніс

думба
....
сідниці

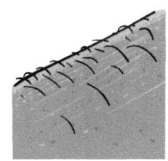

тери
....
шкіра

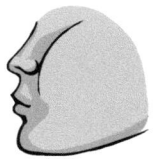

яноқ
....
щока

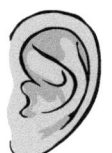

қулоқ
....
вухо

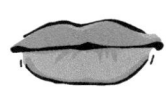

лаб
....
губа

тана - тіло

оғиз

рот

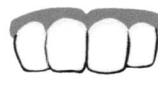

тиш

зуб

тил

язик

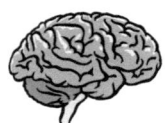

мия

мозок

юрак

серце

мушак

м'яз

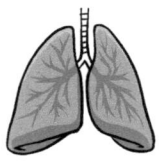

ўпка

легені

жигар

печінка

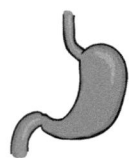

ошқозон

шлунок

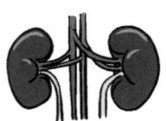

буйрак

нирки

жинсий алоқа

статевий акт

презерватив

презерватив

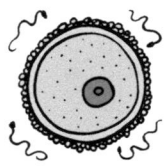

тухум ҳужайра

яйцеклітина

уруғ

сперма

ҳомиладорлик

вагітність

тана - тіло

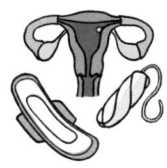

ҳайз

менструація

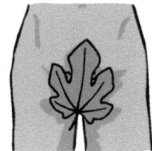

бачадон

вагіна

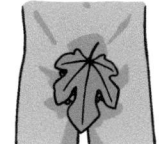

олат

пеніс

қош

брова

соч

волосся

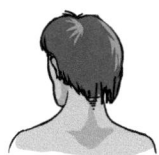

бӯйин

шия

шифохона

лікарня

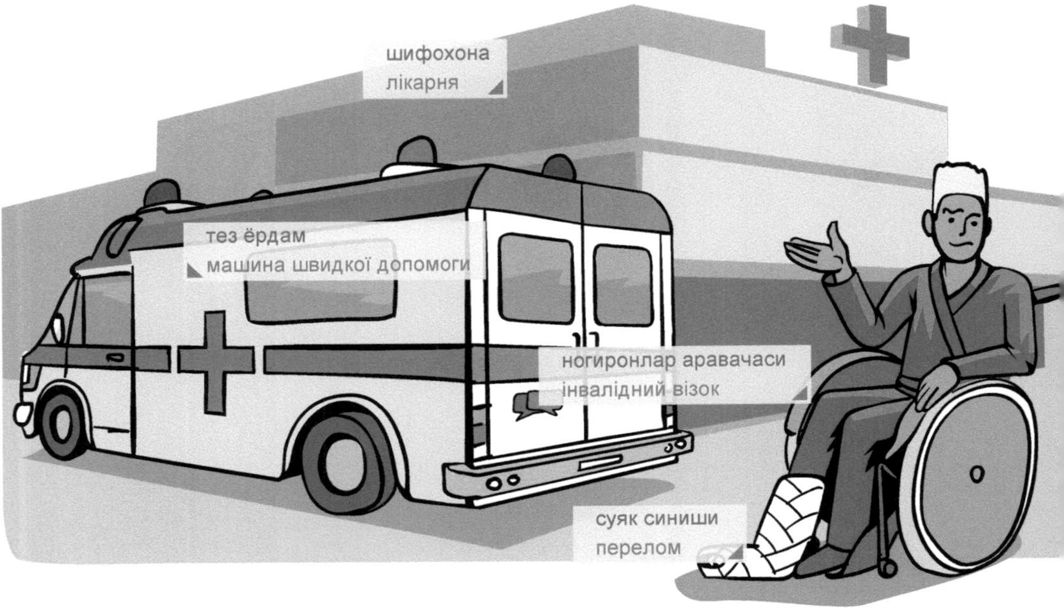

шифохона
лікарня
тез ёрдам
машина швидкої допомоги
ногиронлар аравачаси
інвалідний візок
суяк синиши
перелом

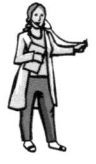

шифокор

лікар

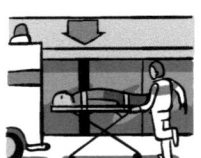

Шошилинч тиббий ёрдам кўрсатиш бўлими

відділення швидкої медичної допомоги

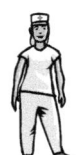

ҳамшира

медсестра

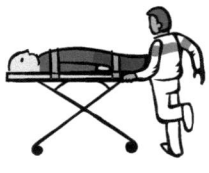

тез ёрдам

аварійний випадок

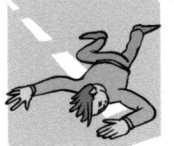

ҳушсизлик

непритомний

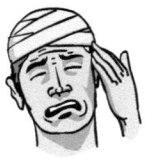

оғриқ

біль

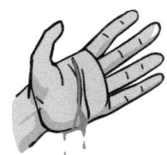

жароҳат

травма

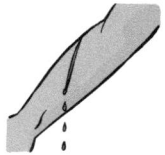

қонаш

кровотеча

юрак хуружи

інфаркт

инсульт

інсульт

аллергия

алергія

йўтал

кашель

иситма

лихоманка

тумов

грип

ич кетиш

пронос

бош оғриғи

головна біль

саратон касали

рак

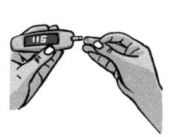

қандли диабет

діабет

жарроҳ

хірург

жарроҳ пичоғи

скальпель

жарроҳлик амалиёти

операція

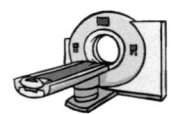

томография

КТ

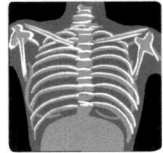

рентген

рентген

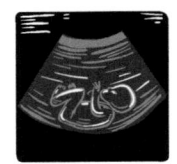

ултратовуш текшируви

ультразвук

юз ниқоби

маска

касаллик

хвороба

қабулхона

зал очікування

қўлтиқтаёқ

милиця

малҳамли пластир

пластир

бинт

пов'язка

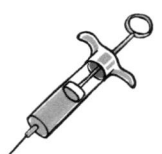

укол

ін'єкція

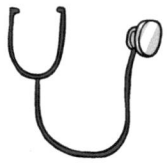

юрак урушини ва ўпкани
эшитиб кўрадиган асбоб

стетоскоп

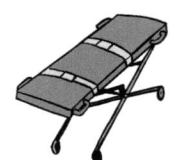

беморлар учун замбил

ноші

термометр

термометр

туғруқ

народження

семизлик

надмірна вага

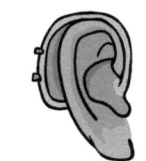

эшитиш мосламаси

слуховий апарат

дезинфекцияловчи восита

дезінфікуючий засіб

инфекция

інфекція

вирус

вірус

ОИВ / ОИТС

ВІЛ / СНІД

дори

медицина

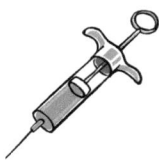

эмлаш

вакцинація

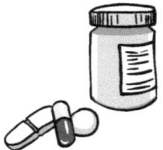

таблетка

таблетки

дори

протизаплідна пігулка

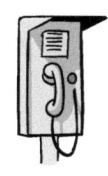

тез ёрдам қўнғироғи

екстрений виклик

қон босимини ўлчаш асбоби

тонометр

касал / соғлом

хворий / здоровий

шифохона - лікарня

Ёрдам беринглар!

Допоможіть!

хавф-хатар ишораси

сигнал тривоги

тажовуз

напад

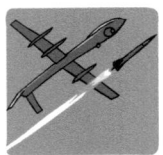

хужум

атака

хавф

небезпека

фавкулодда холатларда чиқиш эшиги

аварійний вихід

Ёнғин!

Вогонь!

ўт ўчиргич

вогнегасник

фалокат

аварія

биринчи тиббий ёрдам тўплами

аптечка

фалокат сигнали

СОС

полиция

поліція

Европа

Європа

Шимолий Америка

Північна Америка

Жанубий Америка

Південна Америка

Африка

Африка

Осиё

Азія

Австралия

Австралія

Атлантик океани

Атлантика

Тинч океани

Тихий океан

Ҳинд океани

Індійський океан

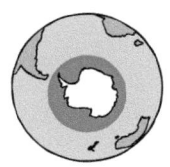

Антарктида океани

Антарктичний океан

Арктика океани

Північний Льодовитий океан

Шимолий қутб

Північний полюс

Жанубий қутб
....
Південний полюс

Антарктика
....
Антарктика

Ер
....
Земля

ўлка
....
суша

денгиз
....
море

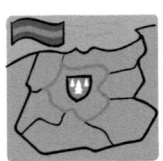

орол
....
острів

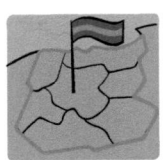

миллат
....
нація

давлат
....
держава

Ер - Земля

астрономик вақт
кўрсатгичи

циферблат

соат мили

годинникова стрілка

дақиқа мили

хвилинна стрілка

сония мили

секундна стрілка

Соат неча?

Котра година?

кун

день

вақт

час

ҳозир

зараз

рақамли соат

цифровий годинник

дақиқа

хвилина

соат

година

хафта
тиждень

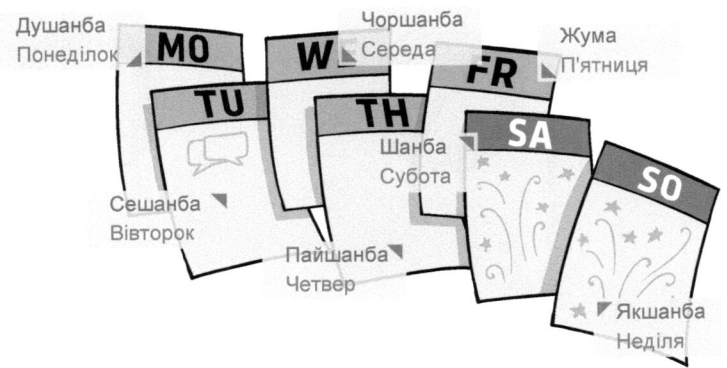

Душанба / Понеділок — MO

Чоршанба / Середа — W

Жума / П'ятниця — FR

Сешанба / Вівторок — TU

Шанба / Субота — TH

SA

Пайшанба / Четвер

SO

Якшанба / Неділя

кеча
....
вчора

бугун
....
сьогодні

эртага
....
завтра

эрталаб
....
ранок

пешин
....
опівдні

кечкурун
....
вечір

MO	TU	WE	TH	FR	SA	SU
1	2	3	4	5	6	7
8	9	10	11	12	13	14
15	16	17	18	19	20	21
22	23	24	25	26	27	28
29	30	31	1	2	3	4

иш кунлари
....
робочі дні

MO	TU	WE	TH	FR	SA	SU
1	2	3	4	5	6	7
8	9	10	11	12	13	14
15	16	17	18	19	20	21
22	23	24	25	26	27	28
29	30	31	1	2	3	4

дам олиш кунлари
....
кінець робочого тижня

йил

рік

ёмғир
дощ
камалак
веселка
шамол генерат
вітер
қор
сніг
баҳор
весна
ёз
літо
куз
осінь
қиш
зима

4.APRIL 11°
5.APRIL 4°
6.APRIL 13°
7.APRIL 8°
8.APRIL 10°

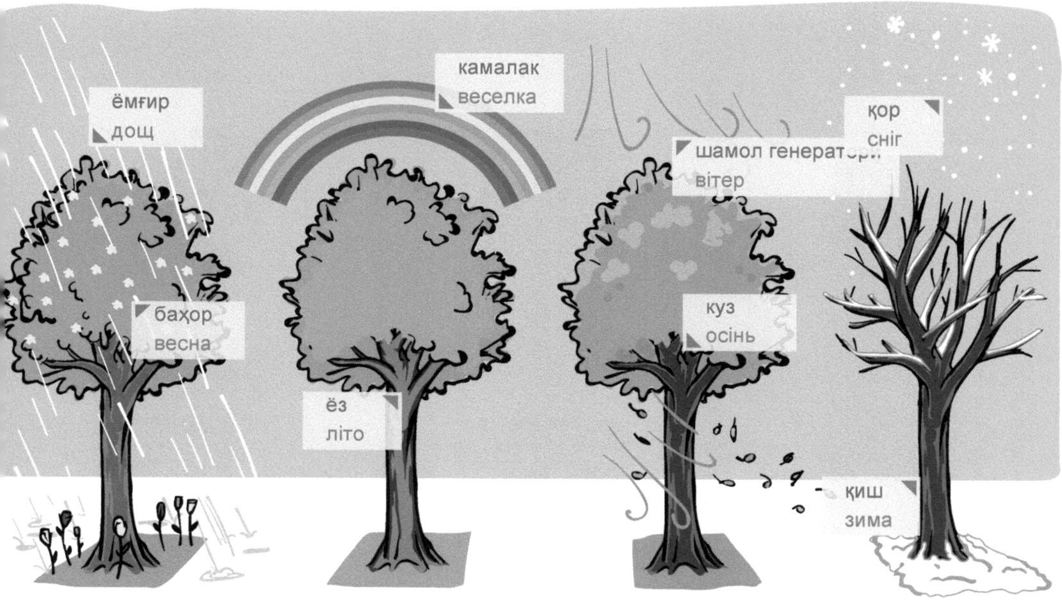

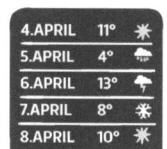

об-ҳаво маълумоти

прогноз погоди

F C
120 90 60 30 0 -30
40 30 20 10 0 -10 -20

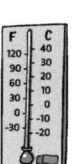

термометр

термометр

қуёшли

сонячне світло

булут

хмара

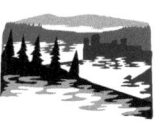

туман

туман

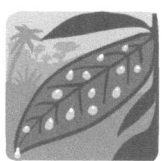

намгарчилик

вологість повітря

чақмоқ

блискавка

момоқалдироқ

грім

бӯрон

шторм

дӯл

град

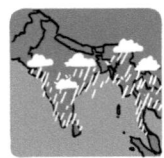

намгарчилик мавсуми

мусон

тошқин

повінь

муз

лід

Январь

Січень

Февраль

Лютий

Март

Березень

Апрель

Квітень

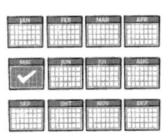

Май

Травень

Июнь

Червень

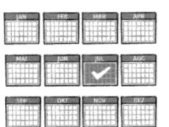

Июль

Липень

Август

Серпень

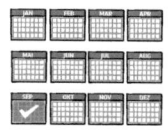

Сентябрь

Вересень

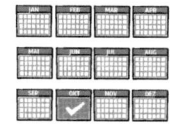

Октябрь

Жовтень

Ноябрь

Листопад

Декабрь

Грудень

айлана

круг

квадрат

квадрат

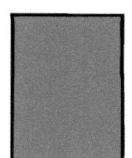

тўртбурчак

прямокутник

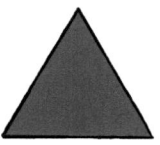

учбурчак

трикутник

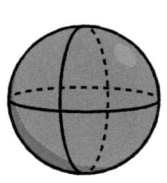

доира

куля

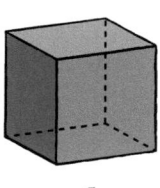

куб

куб

оқ
....
білий

сариқ
....
жовтий

сабзи ранг
....
помаранчевий

пушти
....
рожевий

қизил
....
червоний

тўқ қизил
....
фіолетовий

кўк
....
синій

яшил
....
зелений

жигар ранг
....
коричневий

кул ранг
....
сірий

қора
....
чорний

кўп / оз

багато / мало

ғазабли / хотиржам

лютий / мирний

гўзал / хунук

гарний / бридкий

боши / охири

початок / кінець

катта / кичик

великий / малий

ёруғ / қоронғу

світлий / темний

ака / сингил

брат / сестра

тоза / ифлос

чистий / брудний

тўлиқ / чала

завершений / незавершений

кун / тун

день / ніч

ўлик / тирик

мертвий / живий

кенг / тор

широкий / вузький

еса бўладиган / еса
бўлмайдиган

їстівний / неїстівний

ёвуз / хайрли

злий / дружній

ҳаяжонли / зерикарли

збуджений / нудьгуючий

семиз / озғин

товстий / тонкий

биринчи / охирги

спочатку / востаннє

дўст / душман

друг / ворог

тўла / бўш

повний / порожній

қаттиқ / юмшоқ

жорсткий / м'який

оғир / енгил

важкий / легкий

очлик / чанқов

голод / спрага

касал / соғлом

хворий / здоровий

ноқонуний / қонуний

незаконний / законний

зиёли / калтафаҳм

розумний / дурний

чап / ўнг

вліво / вправо

яқин / узоқ

поруч / далеко

янги / ишлатилган
....
новий / використаний

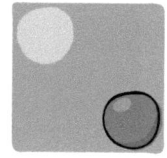

ҳеч нарса / бир нарса
....
нічого / щось

қари / ёш
....
старий / молодий

ёниқ / ўчиқ
....
вкл / викл

очиқ / ёпиқ
....
відкрито / закрито

паст / баланд
....
тихо / гучно

бой / камбағал
....
багатий / бідний

тўғри / нотўғри
....
правильно / неправильно

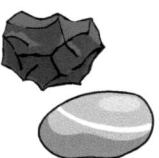

нотекис / текис
....
шорсткий / гладкий

хафа / хурсанд
....
сумний / щасливий

қисқа / узун
....
короткий / довгий

секин / тез
....
повільно / швидко

нам / қуруқ
....
вологий / сухий

илиқ / салқин
....
гарячий / холодний

уруш / тинчлик
....
війна / мир

0

ноль

нуль

1

бир

один

2

икки

два

3

уч

три

4

тўрт

чотири

5

беш

п'ять

6

олти

шість

7

етти

сім

8

саккиз

вісім

9

тўққиз

дев'ять

10

ўн

десять

11

ўн бир

одинадцять

12
ўн икки

дванадцять

13
ўн уч

тринадцять

14
ўн тўрт

чотирнадцять

15
ўн беш

п'ятнадцять

16
ўн олти

шістнадцять

17
ўн етти

сімнадцять

18
ўн саккиз

вісімнадцять

19
ўн тўққиз

дев'ятнадцять

20
йигирма

двадцять

100
юз

сто

1.000
минг

тисяча

1.000.000
миллион

мільйон

Инглиз

англійська

Американча инглиз тили

американська англійська

Хитой тилининг Мандарин лаҳчаси

китайська
високочиновницька

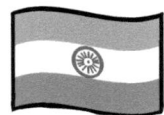

Ҳинд

хінді

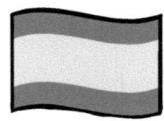

Испан

іспанська

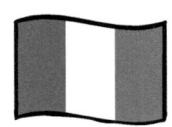

Француз

французька

Араб

арабська

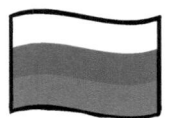

Рус

російська

Португал

португальська

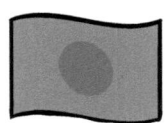

Бенгал

бенгальська

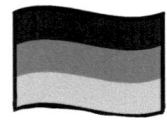

Немис

німецька

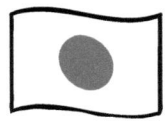

Япон

японська

Мен

я

Сен

ти

у / у / у

він / вона / воно

биз

ми

сизлар

ви

улар

вони

ким?

хто?

нима?

що?

қандай?

як?

қаерда?

де?

қачон?

коли?

исм

ім'я

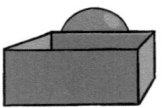

орқада

ззаду

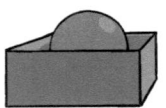

ичида

в

олдида

перед

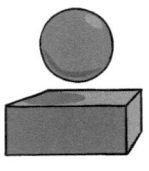

узра

над

устида

на

тагида

під

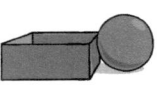

ёнида

біля

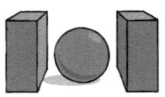

ўртасида

між

жой

місце